Estoicismo:

La Filosofía Estoica de Marco Aurelio: Herramientas para la Resiliencia Emocional, la Positividad y la Inteligencia. Aprende a Pensar Como un Emperador Romano y Conviértete en Imparable.

Table of Contents

Estoicismo: 1
Table of Contents 2
Introducción 7
Capítulo 1: ¿Estoicismo? 9
    10 principios clave del estoicismo 11
    ¿Qué aspecto tiene un estoico? 13
Capítulo 2: La Historia del Estoicismo 19
Capítulo 3: Pensador Imparcial 24
Capítulo 4: La Importancia del Autocontrol
.... 29
Capítulo 5: Usando el Estoicismo para Liberarse de los Celos y la Avaricia 32
Capítulo 6: Cómo superar emociones destructivas 39
Capítulo 7: Cómo utilizar el estoicismo para enfrentar la negatividad en tu vida 44
Capítulo 8: Estoicismo en tu vida moderna
.... 47
Capítulo 9: Los Métodos Estoicos para Mejorar Tu Vida Moderna 55
Capítulo 10: ¿Implementar el Estoicismo en Mi Vida? 64
    Te ayuda a construir mejores relaciones
.... 64
    Te ayuda a no sudar por las pequeñas cosas 65
    Te ayuda a tener más control sobre tu vida 67

Puede ayudarte a manejar mejor el estrés. 68

Te ayuda a vivir en el momento presente 69

Te ayuda a dejar de preocuparte por lo que otros piensan de ti. 70

Aprende a estar agradecido por lo que tienes 71

Capítulo 11: ¿Es posible volverse demasiado estoico? 73

Capítulo 12: Cómo usar el estoicismo a largo plazo 76

Usar el Estoicismo para planificar tu futuro 79

© **Copyright 2024 por Robert Clear - Todos los derechos reservados.**

El siguiente eBook se reproduce a continuación con el objetivo de proporcionar información que sea lo más precisa y fiable posible. Sin embargo, la compra de este eBook puede interpretarse como un consentimiento al hecho de que tanto el editor como el autor de este libro no son de ninguna manera expertos en los temas discutidos en él y que cualquier recomendación o sugerencia que se haga aquí es solo con fines de entretenimiento. Se debe consultar a profesionales según sea necesario antes de emprender cualquier acción respaldada en este documento.

Esta declaración es considerada justa y válida tanto por la Asociación Americana de Abogados como por el Comité de la Asociación de Editores y es jurídicamente vinculante en todo Estados Unidos.

Además, la transmisión, duplicación o reproducción de cualquiera de las siguientes obras, incluida información específica, se considerará un acto ilegal, independientemente de si se realiza electrónicamente o en papel. Esto se extiende a la creación de una copia secundaria o terciaria de la obra o una copia grabada y solo se permite con el consentimiento expreso por escrito del Editor. Todos los derechos adicionales reservados.

La información en las siguientes páginas se

considera en términos generales un relato veraz y exacto de los hechos y, como tal, cualquier falta de atención, uso o mal uso de la información en cuestión por parte del lector hará que cualquier acción resultante recaiga únicamente en su propio ámbito. No existen escenarios en los que el editor o el autor original de esta obra puedan ser considerados de ninguna manera responsables de cualquier dificultad o daño que pueda recaer sobre ellos después de emprender la información descrita aquí.

Además, la información en las siguientes páginas tiene como único objetivo ser informativa y, por lo tanto, debe ser considerada como universal. Como corresponde a su naturaleza, se presenta sin garantía respecto a su validez prolongada o calidad interina. Las marcas comerciales mencionadas se hacen sin consentimiento por escrito y de ninguna manera pueden considerarse un respaldo por parte del titular de la marca.

Introducción

Felicitaciones por descargar Stoicism y gracias por hacerlo.

Los siguientes capítulos discutirán todo lo que necesitas saber para comenzar con el Estoicismo. El Estoicismo es una gran filosofía a seguir. Te ayuda a reconocer más sobre tus emociones y cómo funcionan, y asegura que puedas mantener el control y elegir cuándo expresar tus emociones, siendo tú quien está a cargo de tus emociones. La mayoría de las personas eligen simplemente dejarse llevar por sus emociones, enojándose cuando las cosas no salen como quieren. pero esto puede llevar a relaciones arruinadas, oportunidades perdidas, y mucho más.

Este manual trata sobre el estoicismo y cómo puedes implementar esta filosofía en tu propia vida. Vamos a analizar algunos de los conceptos básicos del estoicismo, la historia que lo acompaña y cómo puedes usar esta ideología para mejorar gran parte de tu vida moderna. Puedes aprender cómo las emociones destructivas pueden obstaculizar tu vida feliz y cómo el estoicismo puede ayudarte a aprender más autocontrol, cómo convertirte en un pensador imparcial y cómo usarlo para deshacerte de toda la negatividad que ya está en tu vida.

Hay mucha desinformación cuando se trata de trabajar con el estoicismo. Muchas personas que nunca han echado un vistazo a esta escuela de pensamiento piensan que los estoicos no tienen emociones y son fríos, pero en realidad, los estoicos tienen las mismas emociones que los demás, solo que eligen tener un control total sobre cómo utilizan esas emociones, lo que conduce a una vida mucho más plena y feliz. Cuando estés listo para aprender más sobre el estoicismo y cómo puedes utilizarlo para mejorar tu vida, asegúrate de leer esta guía para aprender cómo empezar.

¡Hay muchos libros sobre este tema en el mercado, así que gracias nuevamente por elegir este! Se hizo todo lo posible para asegurarse de que esté lleno de la mayor cantidad de información útil posible. ¡Por favor, disfrútalo!

Capítulo 1: ¿Estoicismo?

El estoicismo, o la filosofía estoica, puede parecer aburrido para muchas personas. O quizás escuchas esas palabras y piensas que es una tarea abrumadora incluso comenzar a entender qué está pasando con esta escuela de pensamiento. Pero en realidad, los principios que vienen con el estoicismo son bastante fáciles de manejar y entender, y aplicarlos en nuestras vidas modernas puede ayudarnos a crecer, mejorar, ganar más control sobre nuestras emociones y mucho más.

El estoicismo es una forma de vida. Te enseña cómo puedes mantener una mente racional y calmada, sin importar lo que esté sucediendo a tu alrededor. Muchas veces, sentimos que nuestras vidas están en tumulto. Las cosas simplemente no van por nuestro camino. Pensamos que todos están constantemente enojados con nosotros. Pensamos que la gente está en nuestra contra. Perdemos la calma, nunca logramos terminar las cosas y a menudo nos sentimos como un fracaso en el proceso.

Pero con el estoicismo, aprendemos a pensar en las cosas de una manera diferente. Aprendemos que podemos tener control, y es más fácil de lo que podríamos imaginar. Por ejemplo, ¿cuántas veces has dejado que tus emociones te dominen? Te enojaste por algo, te frustraste, te pusiste triste o incluso feliz, y simplemente no podías hacer que la emoción se detuviera. Gritaste y vociferaste, te peleaste, empezaste a lanzar cosas y sentiste que todo estaba fuera de tu control.

Este tipo de pensamiento es muy peligroso. Nos hace sentir en discordia con otras cosas que están sucediendo a nuestro alrededor, y puede hacernos sentir mal, ansiosos y estresados. Aunque podemos sentir que estamos fuera de control en esta situación, en realidad tenemos todo el control del mundo.

En este libro de guía, vamos a pasar mucho tiempo analizando el estoicismo y todas las diferentes partes que lo acompañan. Pero una de las ideas subyacentes que están presentes es que tenemos control. Claro, surge una emoción y no podemos detener nuestros sentimientos. Pero podemos observar esa emoción y pensar lógicamente cómo queremos reaccionar ante ella.

Cuando estamos enojados, no tenemos que desquitarnos con los demás. Podemos reconocer que la emoción está presente, determinar si es válida o no, y luego decidir cómo queremos reaccionar. Una vez que te das cuenta de que tienes todo el poder del mundo sobre tu vida, las cosas no parecen tan caóticas o locas. Sí, todavía tendrás emociones, pero aprenderás a tener control sobre ellas, en lugar de que ellas tengan todo el control sobre ti.

Por supuesto, esta es solo una de las ideas que vienen con el estoicismo. El estoicismo va en contra de algunas de las ideas modernas que muchos de nosotros apreciamos. Se da cuenta de que hay muchas cosas que están fuera de nuestro control. No podemos elegir cómo nos van a tratar las personas. A veces, suceden cosas malas, sin importar cuán duro tratemos de prevenirlas. Pero una constante que siempre permanecerá igual, una constante en la que podemos confiar, es que tenemos el poder y el control completo y total sobre cómo reaccionamos ante el mundo.

10 principios clave del estoicismo

Para ayudarnos a entender mejor cómo es un estoico y qué principios se siguen en esta escuela de pensamiento, vamos a echar un vistazo a las diez creencias clave que lo acompañan. Incluyen:

1. Vive en armonía con la naturaleza y las demás cosas a tu alrededor.
2. Vive por virtud
3. Enfócate en lo que puedes controlar y luego aprende a aceptar las cosas que no puedes controlar.
4. Distingue entre las cosas buenas,

malas e indiferentes y ajusta tus reacciones a ellas.

5. Toma acción. Un verdadero filósofo no tiene que simplemente quedarse sentado y dejar que las cosas sucedan. Son tomadores de acción y son aún más efectivos porque están en control de qué acciones utilizan.

6. Practica la mala suerte. Mientras que el estoicismo debería tratar sobre aprender a aceptar las cosas que no puedes controlar, practicar un poco de mala suerte puede ser muy beneficioso. Te ayuda a estar preparado cuando las cosas no salen como esperas, lo que puede ayudarte a progresar de verdad porque estas malas situaciones no te tomarán por sorpresa.

7. Añade una cláusula de reserva a todas tus acciones planificadas. Piensa en esto como tu plan B. Cuanto más preparado estés, menos te angustiarán los contratiempos menores.

8. Ama todo lo que sucede. No, todo puede no ser perfecto como quieres, pero todo es parte de la imagen más grande de tu vida. Aprende a aceptar y amar todo lo que te sucede, y obtendrás más riqueza de la vida.

9. Convierte todos tus obstáculos en la vida en oportunidades. A menudo, la percepción será clave con este tipo de filosofía.
10. Sé consciente. La atención plena es muy importante para obtener los resultados que deseas del estoicismo.

¿Qué aspecto tiene un estoico?

La imagen que generalmente se tiene sobre los estoicos es que son inemocionales, insensibles y que realmente no tienen sentimientos en absoluto. Si bien estas personas pueden mantener la calma en más situaciones que otras, esto no significa que no tengan sentimientos. Simplemente significa que han encontrado formas más efectivas de lidiar con sus sentimientos. En lugar de dejar que esos sentimientos salgan y hagan una escena o lastimen a alguien más, toman el control de los sentimientos y deciden qué pasará con ellos.

La idea errónea de una persona sin emociones proviene de la idea de que los estoicos no deberían dejarse llevar por pasiones poco saludables o irracionales. Sí, pueden sentir estas emociones, pero no tienen que reaccionar a estas emociones de una manera que sea poco saludable o que cause daño a otros. Es completamente natural sentir este tipo de emociones, pero eso no coincide con nuestra naturaleza humana racional cuando elegimos actuar simplemente porque estamos teniendo estas emociones.

Habrá momentos en los que las emociones comiencen a apoderarse. Alguien te dice algo hiriente, te sientes triste cuando ocurre una situación, te sientes excesivamente feliz y emocionado por algo. Todas estas son cosas que suceden en nuestra vida, y las emociones automáticas que surgen de ellas son completamente normales. No siempre podemos controlar lo que sucede a nuestro alrededor, por más que lo intentemos, y soltar eso y trabajar en lo que podemos controlar (que, en este caso, es cómo reaccionamos a nuestra respuesta emocional), puede marcar la diferencia entre un estoico y un no estoico.

En muchos casos, un estoico va a intentar utilizar el entrenamiento y la razón para ayudarse a no actuar solo porque está sintiendo cosas. No ignoran el sentimiento. Pero en lugar de dejar que la emoción se apodere de ellos, dan un paso atrás. Reconocen que la emoción está ahí. Ignorar la emoción puede ser incluso peor que dejarla salir y permitirle tener el control. Así que, como estoico, no olvides la parte importante de reconocer la emoción que estás teniendo.

Pero en lugar de reaccionar, observarás esa emoción y responderás a ella con virtud y razonamiento. Después de dar un paso atrás, puede que te des cuenta de que estás teniendo una reacción emocional, pero en realidad, no coincide con la situación. Por ejemplo, ¿alguna vez has tenido una situación en la que explotaste con alguien por algo que era realmente pequeño y no significaba nada? Un estoico es menos propenso a que ocurran estas situaciones porque da un paso atrás, mira la emoción y la situación, se da cuenta de que actuar de esa manera realmente no está justificado en este caso, y luego encuentra otra forma de enfrentar la situación.

Piensa en cuántos desacuerdos y discusiones se podrían evitar si todos pudieran hacer esto. No siempre es fácil. El camino más fácil es simplemente dejar salir la emoción y no pensar en las acciones hasta que todo haya pasado y terminado. Pero para agregar más calma y razonamiento a tu vida, y para realmente hacerte más feliz en general.

El estoico no va a ser alguien que no tiene sentimientos. Tienen los mismos sentimientos que cualquiera. Pero han aprendido cómo no ser esclavizados por estos sentimientos. Esto no es lo mismo que ser insensible o estar sin sentimientos. Se requiere mucho tiempo y energía para aprender a ser más autodisciplinado y tener coraje. Tienen los mismos sentimientos que antes, pero gestionar estas emociones y hacer que se comporten de la manera que quieres, en lugar de que tú te comportes como tus emociones quieren, es la clave para alcanzar la verdadera felicidad.

Piensa en cuántas amistades has arruinado a lo largo de los años porque reaccionaste con ira o frustración, e hiciste cosas de las que no estabas orgulloso. ¿Cuántos sentimientos heriste en el camino? ¿A cuántas personas has alejado con tu rabia, tu tristeza, o cualquiera de las otras emociones que has sentido? Si alguna vez has hecho algo y luego te has arrepentido, entonces has, al menos en parte, permitido que tus emociones te controlen, en lugar de ser tú quien controla sus propias emociones.

Ahora, está bien reaccionar a tus emociones en algunos momentos. Esta es la belleza de cómo funciona el estoicismo. Solo porque estás siguiendo esta ideología no significa que tengas que dejar que todo te afecte y que nunca puedas mostrar felicidad, tristeza, ira o cualquier otra emoción jamás. Pero la clave aquí es que puedes elegir cuándo mostrar esas emociones. Si das un paso atrás y encuentras que la situación justifica una de esas emociones, entonces adelante, muéstrala exteriormente. En otros casos, puedes encontrar que la emoción simplemente no encaja con la situación, o puedes decidir que, aunque la situación justifica la ira u otra emoción, simplemente no vale la pena tu tiempo y energía concentrarte en eso.

Hay muchas maneras de describir a un estoico, y esto realmente ayudará a otros a entender más sobre lo que hay en esta filosofía. Algunas de las afirmaciones que ayudan a describir la personalidad de alguien que es estoico incluirán:

· Son confiados y serenos, sin importar lo que se les presente. Esto requiere tiempo y práctica para dominar, así que no te preocupes ni te alters si te equivocas de vez en cuando.

· Actúan basándose en la razón en lugar de en las emociones.

· Se enfocan en lo que pueden controlar. Y no se preocupan por las cosas que no pueden controlar.

· Aceptan su destino, sin quejarse ni lamentarse, y nunca los oyes protestar.

· Son perdonadores, generosos y amables. Esto a menudo proviene de la idea de que pueden controlar sus emociones, y luego pueden mirar más allá de sus propios problemas y ver el punto de vista de la otra persona en esa situación.

· Las acciones que toman son prudentes y asumen la responsabilidad por ellas.

· Saben cómo mantener la calma

y han aprendido a no aferrarse a cosas externas.

· Van a poseer muchos rasgos admirables, incluyendo autodisciplina, valor, benevolencia, justicia e incluso sabiduría práctica.

· Son capaces de vivir en una especie de armonía con todo lo que les rodea. Esta armonía se va a extender a la naturaleza, al resto de la humanidad y a ellos mismos.

Si bien hay diferentes ideas sobre lo que implica el estoicismo, muchas de ellas son malentendidos de toda la filosofía. Hay muchos beneficios en este tipo de ideología, y seguirla puede llevarte a la paz interior, mejores relaciones con los demás, y mucho más. Se necesita tiempo y algo de paciencia para aprender a mantener esas emociones bajo control, y como principiante, puedes cometer errores y dejar salir esas emociones. Esto no significa que seas una mala persona o que hayas fracasado en lo que respecta al estoicismo, solo significa que hay más trabajo por hacer para mejorar a medida que avanzas en tu viaje.

Capítulo 2: La Historia del Estoicismo

El estoicismo se formó en la Grecia antigua, por Zenón, alrededor del 300 a.C. La palabra estoicismo proviene del griego Stoa Poikile, que significa "pórtico pintado." En ese momento, este era un espacio público disponible al aire libre donde los filósofos de Grecia podían reunirse y pasar tiempo hablando. Aquí se discutieron muchas teorías y muchas de ellas se incluyeron luego en el desarrollo inicial del estoicismo.

Chrysippus fue uno de los primeros creadores de la doctrina establecida con el estoicismo, y pasó tiempo ampliando estos fundamentos en sus propios escritos. Sus explicaciones de esta doctrina temprana ayudan a hacer del estoicismo un movimiento filosófico muy popular durante su tiempo, e incluso hasta hoy. A menudo se le atribuye el crédito de haber dado a la ideología del estoicismo el reconocimiento y la aclamación que sabemos que ha tenido a lo largo de los años; todo gracias a sus publicaciones en ese momento.

Según Crisipo, todo lo que sucede a nuestro alrededor, incluidas las cosas en nuestras vidas y en la naturaleza, va a depender de una causa específica. Es decir, si hay algo malo que está ocurriendo en tu vida, habrá alguna causa raíz que te llevó a este destino. Nada que ocurra en la vida sucederá sin una causa y efecto secuenciales. En la misma línea, también creía que cada uno de nosotros tiene voz y desempeña un papel en nuestro destino final y que poseemos todo el poder para cambiarlo. Creía que para que un individuo tenga un alma libre, los humanos necesitaban tener una comprensión clara de estos patrones.

Hasta ese punto, Grecia había experimentado muchas eras de pensamiento filosófico, incluidos el escepticismo y el cinismo. Sí, además de sus significados literales en tiempos modernos, en realidad eran escuelas de pensamiento que muchos siguieron en la antigua Grecia. Por sí sola, encontrarás que el estoicismo no duró mucho en la antigua Grecia, pero partes de él terminaron influyendo en otros tipos de filosofías y religiones a lo largo de las épocas después de ese tiempo.

Aunque se desarrollaron muchas ideas bajo el paraguas del estoicismo, la más importante de ellas es la idea de que tenemos completo poder y control sobre nuestras emociones, y la capacidad de superar las emociones más dañinas y negativas es la mejor clave para vivir nuestras mejores vidas. Si cedemos a estas emociones, es probable que causamos distracción y daño en nuestros caminos. Pero si podemos superar esas emociones, es mucho más fácil mantenernos felices y conservar algunas de las relaciones cercanas de las que tanto dependemos.

El entrenamiento en esta filosofía se centrará en el dominio de las emociones, lo que puede darnos la capacidad de reaccionar a las situaciones que nos ocurren de manera lógica y controlada. Cada uno de nosotros puede tener una vida que sea satisfactoria y productiva, pero primero, necesitamos aprender a deshacernos de los sentimientos negativos y la ira, y luego reemplazarlos con acciones más significativas.

Entender que la vida tiene su propio vaivén, que todos tenemos cosas positivas y cosas negativas que nos suceden, y la capacidad de mirar esas situaciones tanto buenas como malas de manera neutral está en el núcleo del estoicismo y su visión ética. Recuerda, no se trata solo de no reaccionar ante esas cosas. Aún tienes que ser parte del mundo que te rodea y las emociones se van a manifestar, sin importar cuánto lo intentes. En cambio, un estoico se da cuenta de que tiene el poder de elegir una reacción lógica ante cualquier problema que encuentre, en lugar de dejar que la situación esté guiada por una carga emocional. Es una pequeña diferencia, pero realmente puede transformar nuestros caminos y hace que nuestros patrones de pensamiento cambien.

Por ejemplo, podrías encontrarte en una situación en la que tu coche se descompone y estás en la carretera. Tienes una elección sobre cómo puedes reaccionar. Algunas personas pueden molestarse y centrarse en lo inconveniente que es esto y en lo tarde que llegarán al trabajo. Se involucran tanto en el problema que asumen que esta es la única forma de reaccionar en esa situación. Pero en esta situación, has perdido el control. Tus emociones están al mando y probablemente te veas y suenes como un tonto enojándote por una situación que está fuera de tu control. Esta negatividad te acompañará durante el resto del día y puede realmente afectar cómo te sientes.

También tienes la opción de adoptar una perspectiva más estoica. El coche dejó de funcionar y ahora estás al lado de la carretera, sí, pero no es algo que pudieras controlar, y realmente no tiene impacto en ti como persona. Llegar tarde no acabará con el mundo, y aunque esto puede ser un inconveniente, no pasará mucho tiempo antes de que puedas continuar con el resto de tu día.

Cuando vives en razón, significa que necesitas tener una comprensión de cuál es tu lugar en el universo y por qué estamos aquí. En el estoicismo, la persona necesita vivir dentro de las leyes de la naturaleza y luego aprender cómo el sufrimiento y la negatividad a veces pueden ser parte de nuestra existencia terrenal. Elegir aceptar pasivamente este hecho, y no permitir que nos controle, puede llevar a mucha felicidad y satisfacción.

Otra cosa que debemos entender aquí es que todas las cosas vivas en este mundo han sido creadas iguales y que este proceso no se trata solo de nosotros mismos. Necesitamos respetar y aceptar la virtud de los demás. No estamos en esto individualmente; todos somos ciudadanos del mundo y podemos pasar por las mismas pruebas y problemas, emociones y más que los demás.

Como puedes ver, el estoicismo no es solo una idea ética. Es una forma de vivir tu vida. En esencia, el estoicismo trata sobre estar en el momento presente y entender tu parte y tu lugar en nuestro universo. Aprendes a controlar tu vida y a controlar cuánto de felicidad puedes tener de un día para otro. Y tener este control, aunque requiere mucho tiempo, dedicación y persistencia, puede ser justo la respuesta que estabas buscando cuando comenzaste con esta ideología.

Hay muchas razones excelentes para aceptar el estoicismo y las ideas que lo acompañan. Aunque muchas personas suponen que es solo una escuela de pensamiento que incluye ser emocionalmente indiferente y no preocuparse por los demás, este no es el camino de un estoico. De hecho, a menudo se llevan mejor con los demás porque reconocen el punto de vista del otro, en lugar de concentrarse solo en el suyo. Son maestros de sus propias emociones y saben cómo cambiar las cosas que pueden controlar mientras aceptan las cosas que no pueden.

Capítulo 3: Pensador Imparcial

Lo primero que vamos a explorar cuando se trata del estoicismo es cómo convertirse en un pensador imparcial. Los humanos han desarrollado un hábito algo malo de poner sus emociones, y todos los pensamientos emocionales, antes de cualquier pensamiento lógico. Una de las partes principales de ser un buen estoico es que procesarás tus emociones, pero elegirás reaccionar a ellas lógicamente en su lugar. Las emociones siguen ahí, y el estoico aún reconoce estas emociones, pero el poder que tienen sobre el individuo se minimiza.

Ser capaz de hacer esto y operar en un modo de total equidad es una virtud que la mayoría de las personas carecen en nuestro mundo moderno. Un verdadero estoico es capaz de trabajar dentro de las leyes de la naturaleza que lo rodean, y la idea de ir en contra de eso para obtener estatus emocional y ganancias personales solo te llevará a muchos problemas más adelante. Si bien es parte de la naturaleza humana actuar egoístamente y en nuestro propio beneficio, este es un rasgo que puede descarrilar incluso a las mejores personas.

Ser imparcial en los pensamientos que tienes realmente puede proporcionarte la capacidad que necesitas para ver todas las posibilidades que se te presentan. Las personas que solo se centran en la solución a un problema sin considerar los sentimientos que tienen sobre el asunto o aquellos que no consideran quién es la persona que suministra la idea tomarán las mejores decisiones. Son capaces de pensar objetivamente y tomarán todo en consideración, sin preocuparse por cómo se sienten sobre la situación, o incluso por cómo se sienten sobre la otra persona.

Todos tenemos a esas personas con las que simplemente no nos llevamos bien. Nos irritan, nos molestan o han hecho algo que nos ha perjudicado en el pasado. Pero solo porque no nos gusten, no significa que no tengan buenas ideas que considerar. Si eliges un proyecto ganador en el trabajo solo porque fue presentado por alguien con quien te llevas bien e ignoras un proyecto solo porque fue presentado por alguien que no te gusta, entonces te estás perdiendo muchas grandes oportunidades en el camino.

El cerebro es algo que necesitamos explorar un poco aquí. El cerebro va a procesar estímulos a través del tacto, el sonido y la vista, y luego enviará una respuesta. La primera vez que te expongas a algo, puede tardar más en procesar esa información y comprender lo que está sucediendo. Pero cuanto más estés expuesto a esos mismos estímulos, el cerebro comenzará a construir caminos que pueden procesar la información más rápido. Te llevará a la misma conclusión que se alcanzó antes.

Esto facilita las cosas para el cuerpo y es una cuestión de conveniencia para el cerebro. Es por eso que podemos realizar muchas tareas sin siquiera pensarlo. Sin embargo, la desventaja de esto es que se vuelve muy fácil desarrollar algunos patrones de pensamiento negativos. Si siempre tenemos una perspectiva negativa en las situaciones, esos caminos se volverán muy fuertes y siempre daremos una respuesta negativa. Cuando quieres convertirte en un estoico, necesitas aprender a anular estos caminos originales y reemplazarlos por algo que sea mucho más positivo.

Veamos un ejemplo de esto. Supongamos que la mayor parte del tiempo, comienzas a frustrarte y enojarte cuando te encuentras con un poco de tráfico en el camino al trabajo. Esto puede ser frustrante, pero no es realmente un gran problema. Has entrenado a tu cerebro para enojarse y ponerse ansioso automáticamente cuando ves tráfico. Este es un patrón de pensamiento negativo, pero está impulsado principalmente por las emociones. Te sientes preocupado o enojado por llegar tarde al trabajo. Sin embargo, si quitas esa emoción, entonces el atasco es solo una cuestión de progreso ralentizado hacia tu destino previsto. Ya no es frustrante.

Una gran manera de trabajar en tu cerebro y lograr que cambie a una forma más positiva es aprender a cambiar la actitud que tienes hacia las cosas que suceden a tu alrededor. Muchos de nosotros podemos vernos como la víctima en cualquier situación, pero en la mayoría de los casos, estamos completamente a cargo de lo que sucede, y solo necesitamos darnos cuenta de eso. Si no te gusta la forma en que está yendo una situación, depende de ti hacer el cambio. Por ejemplo, en lugar de estar molesto por la forma en que va tu carrera y desquitarte con tus compañeros de trabajo, podrías decidir encontrar una carrera que sea más gratificante y hacer un cambio.

Asumir la responsabilidad adecuada por tu propio punto de vista y tus propias emociones puede realmente convertirse en un factor motivador para hacer cambios que mejoren tu vida. Si deseas que algo se vuelva más positivo para ti, entonces necesitas empezar a tratar tu día, así como a quienes te rodean, exactamente como lo imaginaste en tus sueños despiertos. Si nunca tendrías un sueño despierto sobre ser grosero con los demás y solo hacer lo mínimo cada día, entonces no deberías permitir que esta negatividad se infiltre en tu vida diaria.

Ser imparcial en tu vida no siempre es fácil. Cada nueva situación que surge es una nueva oportunidad para que te detengas y pienses si estás reaccionando de manera lógica o emocional. Al principio, solo reaccionarás automáticamente, sin pensar. Pero necesitas aprender a separarte de una situación para que puedas cambiar esto.

Por ejemplo, si te sientes molesto con tu

pareja, puedes pensar que echar la culpa, decir cosas hirientes y desquitarte puede sentirse bien en el momento. Pero, ¿dónde te ha llevado esto en el pasado? Probablemente nada más que arrepentimiento. Actuar basándote en las emociones puede sacar a relucir más malas emociones, y te quedas atrapado en un ciclo vicioso que no puedes mejorar. Si no puedes controlar las emociones, entonces puede ser momento de apartarte un poco, permitiéndote pensar en tus emociones antes de decir algo.

Después de un descanso, puede que te des cuenta de que la situación no es gran cosa. Quizás reaccionaste de forma exagerada ante algo. Tal vez no te sientes bien. Y tal vez estabas cansado o hambriento y eso te hizo actuar de cierta manera. Durante este tiempo, también considera cómo la otra persona ve esa misma situación. Quizás quiso decir algo bonito, o algo que pensaba que era inocente, y tu reacción exagerada los ha dejado confundidos y heridos.

Ser capaz de distanciarte de tus emociones y pensar en la forma en que reaccionas a diferentes situaciones puede ayudarte enormemente a sentirte lo mejor posible. Te puede ayudar a tener más control, tener más comprensión con las personas que te rodean y mucho más.

Capítulo 4: La Importancia del Autocontrol

Lo siguiente que necesitamos analizar es la importancia de la fortaleza y el autocontrol. Entender cómo navegar tu propia respuesta emocional a diferentes situaciones puede requerir algo de autocontrol. Es algo en lo que debes pensar conscientemente, en lugar de simplemente esperar que ocurra. Necesitas sentir tus emociones, procesar esas emociones, dejar de lado estas emociones y luego actuar de manera lógica cuando todo haya terminado. El requisito para hacer esto es una mente fuerte, y la mayoría de las personas no nacen con esta habilidad. Es algo que se puede desarrollar con mucho entrenamiento y práctica.

En muchas situaciones, la idea de autocontrol se va a ver como lo mismo que poder resistir la tentación. Para muchos, esto podría estar relacionado con controlar los malos hábitos, o con la comida y el exceso de dulces. En el caso de este libro, se trata más de resistir la tentación de actuar según tus emociones. Dado que la mayoría de las reacciones emocionales van a ser vistas como reacciones exageradas, definitivamente es una victoria de tu lado si eres capaz de resistirlas.

El autocontrol es algo que necesita ser aprendido. Aunque puedes encontrar algunas áreas de tu vida en las que eres bueno en autocontrol, hay algunas áreas en las que necesitas trabajar. Por ejemplo, puedes tener mucha dedicación y disciplina en el trabajo que realizas, pero luego fallas en lo que respecta a los tipos y cantidades de alimentos que consumes.

Es posible desarrollar más autocontrol en las áreas que deseas, siempre y cuando estés dispuesto a esforzarte para lograrlo. El primer paso para hacerlo es establecer metas que te gustaría alcanzar. No importa dónde quieras mejorar en tu vida, tener un destino final y pasos para llegar allí es crucial. La mitad de la batalla con esta autodisciplina es saber qué se necesita hacer. A menudo procrastinamos y giramos en círculos cuando no tenemos ya un buen plan de acción en su lugar. Una vez que tenemos un buen plan, es más fácil entender el problema para que podamos trabajar en la cuestión.

Digamos que te has fijado un objetivo de ser un pensador imparcial. Ese sería tu objetivo final, y luego podrías desarrollar objetivos más pequeños para ayudarte a alcanzar ese resultado. Puedes establecer los pasos como desees, pero hazlos claros y concisos, establece un plazo para cumplir con cada uno y no te rindas hasta llegar allí.

Cuando atravieses este proceso, asegúrate de enfocar tu energía en un objetivo a la vez. Si intentas trabajar en dos o más objetivos, descubrirás que es realmente difícil alcanzar alguno de ellos. En lo que te enfocas va a crecer y cambiar contigo, así que elige el objetivo que es el más importante para ti y mantente en él hasta que esté completo. Una vez que hagas eso, podrás añadir un nuevo objetivo que deseas alcanzar.

Capítulo 5: Usando el Estoicismo para Liberarse de los Celos y la Avaricia

Una vez que hayas trabajado en tener un pensamiento imparcial y hayas mejorado tu autocontrol y tu fortaleza, es tiempo de pasar a usar el estoicismo para liberarte de la ira, la codicia y los celos. Estos sentimientos son considerados como algunos de los peores tipos de rasgos humanos. A menudo, estos sentimientos surgen de la sensación de inadecuación en tu propia mente. Muchas veces dejamos que nuestras mentes se descontrolen y podemos imaginar cosas que son extrañas o que realmente no están allí. En realidad, la acumulación en tu cabeza rara vez se refleja cuando lo miras en tu vida real.

Por ejemplo, los celos son una emoción negativa que a menudo se puede encontrar cuando estás en una relación personal. Una pareja que es insegura puede empezar peleas con su pareja para sentirse mejor. En la mente de esta persona, imagina que un pequeño hábito, como regresar a casa del trabajo un poco tarde, se debe a la infidelidad u otras cosas malas, en lugar de simplemente llegar tarde por el tráfico o trabajar tarde en la oficina.

La respuesta de buscar una pelea por algo que es prácticamente nada se debe a qué escenario ficticio estabas construyendo en tu propia mente. Te sientes molesto y enojado por algo que nunca sucedió, en anticipación de que la acción realmente ocurrió. Esto puede causar muchos problemas en una relación porque una de las parejas ha dejado que su imaginación y sus emociones se apoderen de ellos y les molesten, y la otra pareja se siente confundida y herida porque se le acusa de hacer algo que nunca hizo.

En lugar de dar tiempo a tu imaginación para divagar, deberías decidir conscientemente pensar en cosas que sean más positivas. En el ejemplo anterior, en lugar de imaginar que tu pareja llega tarde porque te está engañando, piensa en todas las opciones más probables y razonables de por qué está llegando tarde. Si esto no funciona, haz una rápida llamada a tu pareja y averigua por qué se está retrasando.

Por otro lado, siempre darle a las personas el beneficio de la duda también puede ser algo malo. Por ejemplo, si tu pareja siempre llega tarde a casa de la oficina porque te está engañando, aún es importante confiar en tus instintos. No quieres crear ideas negativas en tu cabeza donde los problemas en realidad no existen, pero también quieres escuchar tu intuición y prestar atención a esas emociones si te están diciendo que algo está mal.

Esta es la belleza del estoicismo. Eres capaz de seguir sintiendo emociones. Pero puedes mirarlas lógicamente y decidir si son realmente ciertas o no y cómo quieres reaccionar. Si sientes que tu imaginación simplemente se está descontrolando, entonces puedes elegir dejar de lado esos miedos y seguir adelante. Pero si miras esas emociones y sientes que algo está mal, puede ser momento de investigar un poco y luego decidir desde dónde actuar.

Liberarte de estas emociones puede hacer mucho cuando se trata de mejorar tus relaciones y asegurarte de que todos los involucrados tengan una mejor calidad de vida. Llegar al fondo de lo que está desencadenando estas emociones en ti es realmente la mejor manera de detener esas emociones en seco. Recuerda aquí que no estás ignorando tus emociones; en cambio, vas a procesar y luego reaccionar a todas las emociones que tienes de una manera más racional.

De hecho, cuanto más inteligencia emocional tengas en tu vida, más fácil será para ti convertirte en estoico. El objetivo aquí es que no suprimas las emociones. Está bien sentir las emociones, pero no dejes que tomen el control de tu vida. Aprender cuáles son tus disparadores emocionales y tomarte un tiempo para evaluar realmente lo que está sucediendo dentro de ti puede ayudarte a tener más control no solo sobre tus emociones, sino también sobre otros aspectos de tu vida como estoico.

Ahora vamos a hacer un pequeño ejercicio. ¿Hubo alguna vez un momento en que te sentiste enojado y molesto por algo que parecía bastante pequeño? Pero aún así, creaste una gran respuesta, una que fue una sobrerreacción para la situación. ¿Era realmente esa cosa más pequeña la que te había alterado desde el principio, o había un desencadenante mayor que ocurrió en el fondo y que luego influyó en esa reacción en el pequeño asunto?

Por ejemplo, tal vez un día ves que tu cónyuge dejó un poco de mantequilla de maní en la encimera cuando terminó de hacer un sándwich. Algunos días pasas, la pones de vuelta en el refrigerador y esa es la fin de la historia. Pero hoy, te enojas realmente y estallas. En este punto, no estás realmente enojado por la mantequilla de maní. De hecho, puede ser porque tuviste un mal día en el trabajo y te sientes poco valorado en tu vida. O puede que sientas que es una falta de cuidado y consideración, una que sientes que es una tendencia creciente entre los dos en la relación.

Si quieres ayudarte a reaccionar de la manera adecuada a las situaciones que te rodean, entonces necesitas abordar el problema mayor y original antes de que se salga de control. Esto no significa que debas revisar absolutamente todo lo que ocurrió en tu relación desde que comenzó. La mejor idea con la que puedes trabajar es señalar las cosas cuando surgen por primera vez. Si las mantienes reprimidas, entonces será algo pequeño lo que te hará sobre reaccionar a la situación.

Y aquí es donde el estoicismo puede entrar en juego. Cuando ocurre una situación en tu relación que termina haciéndote enojar o molestar, entonces te detendrás a pensarlo. Puedes decidir si el problema es realmente algo por lo que estar molesto. Si piensas que es algo importante, hablarás con tu pareja al respecto en ese mismo momento. Pero si decides que no es un gran problema, lo dejarás pasar y abandonarás el tema en ese instante.

Esto puede ser algo que sea difícil para muchas personas. Aferran sus emociones y las cosas que los enojan. No quieren mover el barco y hacer que las cosas sean difíciles. Pero luego ignoran tanto los problemas que todo explota por algo que es pequeño e insignificante. Usar el estoicismo para decidir cómo manejar todas las situaciones puede hacer una gran diferencia en cómo enfrentas cada situación.

enfrentar el problema que realmente te está molestando, antes de que tenga la oportunidad de convertirse en un gran problema, es la mejor opción. Si te encuentras con problemas con esto, considera hablar con un consejero capacitado que te ayude a clasificar las diferentes emociones que sientes. Muchos de nosotros podemos atravesar gran parte de nuestras vidas sin abordar algunos de los problemas que enfrentamos, por lo que encontrar la mejor manera de comenzar puede parecer casi imposible. Pedir ayuda puede ser difícil también, pero te ayudan a profundizar en esos sentimientos para que entiendas mejor de dónde vienen, y puedas racionalizarlos y resolverlos mejor.

Incluso si no te tomas el tiempo para visitar a un profesional capacitado, asegúrate de aprender a comunicarte abiertamente con los demás. Reprimir las cosas y nunca expresar tus puntos de vista y preocupaciones dificulta las cosas de varias maneras. Primero, si los mantienes encerrados dentro, te sentirás mal contigo mismo, y algo insignificante te hará estallar. Y si mantienes esas emociones dentro, nadie sabrá dónde te encuentras en la vida, y eso puede dificultar las relaciones.

Esta comunicación puede ser útil. Las otras personas a tu alrededor no intentan hacerte daño. Puede que ni siquiera se den cuenta de que están haciendo algo que te molesta o algo incorrecto hasta que se lo hagas saber. Están demasiado ocupadas en sus propios asuntos como para darse cuenta de que las acciones que toman están causando algunos problemas y enojo a los demás.

No quieren que esto sea cruel para los demás; es solo la forma en que se acostumbraron a manejar situaciones. Una vez que les digas que algunas acciones les están molestando, estarán más que felices de hacer los cambios. Solo recuerda que esta comunicación es un camino de doble sentido y si ellos expresan una preocupación con algunas de las acciones que tú haces, sé abierto y no lo tomes de manera personal tampoco.

Esto no te da el derecho de criticar a la otra persona sin cesar. No puedes ser cruel al respecto. Necesitas abrir las líneas de comunicación y discutir tus preocupaciones con alguien, pero si notas que han tenido un mal día o parece que les sucede algo, entonces tal vez deberías esperar con tus preocupaciones. No saques las preocupaciones como una forma de iniciar una pelea con la otra persona. Utilízalo como una manera de cubrir tus necesidades de manera constructiva.

La ira, la codicia y los celos pueden ser la ruina de muchas personas y muchas relaciones. Son emociones que nadie realmente quiere sentir, porque pueden hacernos sentir horribles y decaídos. Aprender cuándo surgen estas emociones en nosotros, cómo evitar esas emociones y cómo reaccionas ante ellas puede realmente marcar la diferencia en cómo te sientes y cuán saludables son tus relaciones. El estoicismo es una gran manera de descubrir la verdadera razón por la que estás lidiando con estas emociones y puede ayudarte a obtener el control que necesitas sobre estas emociones negativas.

Capítulo 6: Cómo superar emociones destructivas

Si alguna vez has permitido que tus emociones tomen el control de la situación, sabes cuánto puedes meterte en problemas. Aquellos que tienen un temperamento corto, aunque sea solo ocasionalmente, saben que estas emociones abrumadoras pueden hacer que actúen de una manera de la que no se sienten orgullosos más tarde. Pueden decir cosas que no quieren decir, pueden hacer acciones con las que no están contentos, y esto puede causar mucha desconfianza y tensión en cada relación.

Además de causar problemas contigo y con aquellos que te rodean, estos sentimientos de ira y estrés van a afectar tu bienestar personal. Los celos y la envidia a menudo pueden surgir de sentimientos de insuficiencia y baja autoestima. Cuando carecemos de confianza en nosotros mismos, a menudo tenemos dificultades para controlar nuestras emociones. Nos sentimos fuera de control, sentimos celos de aquellos que tienen confianza en sus propias habilidades, y todo esto puede hacernos sentir enojados.

Cuando nos sentimos de esta manera, continuamos manifestando aún más ira y más estrés, lo cual puede ser perjudicial para nosotros al mantener el control, así como para nuestra salud. Cualquier emoción que nos cause daño, y que pueda causar daño a quienes nos rodean, es destructiva. Pero esta es la realidad con la que viven muchas personas, y como no aprenden a separarse de estas emociones, terminan en un ciclo vicioso en el camino.

Si quieres implementar el estoicismo en tu vida, entonces debes aprender que estas emociones destructivas no tienen lugar en tu vida. No solo las malas emociones como la codicia, la envidia, los celos y la ira son destructivas, sino que demasiada felicidad también puede ser un problema. ¿Cómo puede la felicidad ser una emoción destructiva? Si eres feliz, pero eso te convierte en una persona que es insensible y descuidada hacia los demás, entonces la felicidad también puede volverse mala.

Por ejemplo, si eres propietario de tu negocio y hay algunos empleados que trabajan contigo, debes asegurarte de que todas las acciones que tomes no vayan a afectar al negocio de manera negativa. Estar muy feliz y emocionado, y nunca pedir la opinión de tu equipo y de otros antes de tomar una nueva dirección en tu negocio puede convertir tus acciones en destructivas.

Dado que las emociones de destrucción feliz

no son tan probables como las otras de las que hablamos, vamos a omitir estas en esta guía y pasaremos más tiempo enfocándonos en las negativas. Estas emociones negativas pueden llevar a mucha ansiedad, depresión y estrés en tu propia vida, lo que también puede manifestarse en las relaciones que tienes. Como estoico, es importante que aprendas a salir del lodazal y la opresión de estos pensamientos para que puedas mantener el control y vivir una vida feliz y productiva al mismo tiempo.

Esto puede parecer difícil de hacer. Vivimos en un mundo donde es normal que las personas se aferren a sus emociones, reprimiéndolas en lo profundo y ignorándolas. Pero esto nunca funciona. Todo lo que la represión de las emociones hace es provocar que explotes por alguna tontería, y saca el control de tus emociones de tus propias manos. El estoicismo va en contra de estas ideas, permitiéndote expresar estas emociones de una manera segura y efectiva donde tú tienes el control y decides cuál es el mejor momento y lugar para dejar salir las emociones, o incluso decidir que la situación no justifica la reacción en absoluto.

Un buen método que puedes utilizar para equilibrar tus emociones destructivas es encontrar cosas positivas que puedan contrarrestarlas. La atención plena se puede usar en este escenario. Aprende a ser más consciente de tu entorno y concéntrate en encontrar lo bueno en la vida. A menudo nos atrapamos demasiado en las cosas negativas, en las cosas que no están yendo a nuestro favor. Pero una vez que comenzamos a buscar lo bueno, es asombroso cuánto bien aparecerá.

Si aún no lo has hecho, comenzar a meditar diariamente puede ser una buena manera de estar más en contacto y centrado con las emociones que tenemos. La meditación te permite tomar un respiro de la realidad, desacelerar y despejar la mente, y básicamente puede hacer que abraces tus sentimientos y pensamientos con el objetivo de controlarlos y aprovecharlos. Incluso dedicar quince minutos durante el día para sentarte solo en silencio puede hacer maravillas para ayudarte cuando empiezas con el estoicismo.

Mientras haces tu sesión de meditación, o incluso pasas por terapia si eliges esa opción, deberías detenerte a reflexionar sobre cómo tus emociones han impactado tu vida exterior. Por ejemplo, si eres propenso a estallidos de ira, puedes considerar cómo afectan tu trabajo y a quienes trabajas, tus relaciones, y cuán exitoso eres en tu vida. ¿Has perdido muchas oportunidades debido a la actitud que tienes?

Muchas veces, asumimos que son otras personas las que nos están impidiendo alcanzar el éxito. Pensamos que nos perdemos de cosas porque a alguien no le gusta, porque la vida no es justa, o porque no tenemos control sobre la situación, pero en realidad, se debe a que esos estallidos de ira que experimentas te están alejando de tus compañeros de trabajo y hacen parecer que no eres la persona adecuada para el trabajo. El control es completamente tuyo, solo necesitas aprender a manejar la ira y tus otras emociones negativas para que esto suceda.

Ser capaz de hacer las conexiones entre esta causa y efecto está realmente en el corazón de la ideología del estoicismo. Como dice la historia, o el antiguo adagio, cada acción va a tener una reacción. Cada uno de los pasos que has tomado en el pasado es el resultado del que vino antes. Cuando comienzas a reconocer estos patrones, y luego trabajas en hacer los cambios correctos cada vez que ves un problema, es una excelente manera de utilizar el estoicismo como una forma de tener más confianza y crecimiento personal en general.

Este proceso va a tomar algo de tiempo. Necesitas aprender más sobre ti mismo, aprender a negar patrones emocionales destructivos y aprender a controlar esas emociones para que puedas vivir tu vida basándote en la lógica, en lugar de tus emociones, tanto como sea posible.

Capítulo 7: Cómo utilizar el estoicismo para enfrentar la negatividad en tu vida

El estoicismo incluso puede ser utilizado para ayudarte a enfrentar las cosas negativas que están sucediendo en tu vida. Muchas veces la negatividad parece seguirnos. Nadie quiere lidiar con ello, pero es realmente una parte de la vida con la que necesitamos lidiar. Es posible que no consigamos el trabajo que queremos, esas facturas vencen de vez en cuando, y cosas malas ocurren sin importar cuán duro intentemos evitarlas. El estoicismo nos ayuda a afrontar estas situaciones negativas. No siempre puedes controlar las situaciones que te ocurren, pero puedes controlar cómo reaccionas a esas situaciones.

Una de las mejores maneras de abordar cualquier situación negativa que ocurra en tu vida es imaginarlas en la realidad. En realidad, sabes que la negatividad va a ocurrir, y es algo que necesitarás abordar. Mientras que algunos libros de autoayuda hablan sobre cómo simplemente eliminar todos esos malos pensamientos de tu vida, esto usualmente no funciona, y no detiene que las cosas malas sucedan.

Con la teoría del estoicismo, se nos enseña a imaginar y pensar lógicamente en el peor de los casos. Si bien no se trata de que te obsesiones y te preocupes por cada mala cosa que te pueda pasar en tu vida, sí se te pide que estés preparado para ellas. Cuando estás preparado para las cosas malas, o las cosas negativas, no te sorprenderás cuando sucedan, incluso si son algo menor, y puedes mantener el control sobre tus emociones.

Si eres capaz de eliminar todas las diferentes emociones de una mala situación antes de que esta ocurra, descubrirás que estás mejor preparado para enfrentar esa situación cuando realmente suceda. Por ejemplo, ¿alguna vez has tenido un momento en el que pensaste que perderías tu trabajo porque cometiste un pequeño error? La sensación de miedo y pavor por perder tu trabajo puede ser paralizante. Pero esto no sucederá si ya lo has pensado y te has preparado para lo peor. Es probable que no pierdas tu trabajo en absoluto, así que mantuviste todas las emociones fuera de la mezcla y de la situación.

En el escenario anterior, ¿qué pasará si pierdes tu trabajo por ese pequeño error? ¿Podrías encontrar un trabajo de inmediato? ¿Tendrías la opción de volver a la escuela? ¿Tienes suficiente dinero en el que confiar o podrías encontrar algo que te ayude durante unos meses? Reflexionar sobre esto te ayuda a elaborar un plan en el improbable caso de que te despidan por ese pequeño error. Y a menudo, descubrirás que las cosas estarán bien si te despiden. Esto puede hacer que incluso el peor escenario parezca algo sin importancia, y puedes enfrentar la situación mejor sin preocuparte de que las emociones se interpongan.

La realidad en la vida es que hay muchos eventos que pueden sucederte a lo largo de tu vida, pero muy pocos de ellos serán amenazantes para la vida. Que el coche se descomponga, que algo necesite ser reparado en la casa, perder tu trabajo, y más, no te matarán y no serán el fin del mundo a menos que lo permitas. Tomar el tiempo antes de que sucedan para reflexionar sobre cómo reaccionarás en esas situaciones puede marcar una gran diferencia en cómo se desarrolla la situación para ti.

Capítulo 8: Estoicismo en tu vida moderna

Para muchas personas, la idea de practicar el estoicismo parece imposible. Piensan que esta es una idea antigua, que solo puede funcionar en la Grecia clásica. Puede que no entiendan cómo funciona esta filosofía y decidan que es demasiado difícil para ellos aprenderla e implementarla en sus propias vidas. O les preocupa que se volverán demasiado distantes y fríos si deciden seguir el estoicismo, por lo que desestiman esta escuela de pensamiento.

Aunque los tiempos han cambiado desde los inicios del estoicismo, y ya no estamos en la antigua Grecia, todavía hay las mismas condiciones humanas presentes en el mundo actual que había en el pasado. Nosotros, como humanos, seguimos enfrentándonos a las mismas preguntas fundamentales, que incluyen:

· ¿Cómo puedo superar los miedos que tengo en la vida?

· ¿Cuál es la mejor manera de manejar el éxito y el fracaso en mi vida?

- ¿Es posible que yo sea una buena persona y ayude a los demás, mientras sigo teniendo éxito?

- ¿Por qué tengo tanto miedo a la muerte?

- ¿Cómo debo lidiar con mis emociones cuando siento que están tratando de apoderarse de mí?

- Quiero vivir una vida que sea buena, pero ¿qué significa eso en realidad?

Los fundamentos que vienen con el Estoicismo aún se pueden utilizar hoy en día. De hecho, dado que la base de esta escuela de pensamiento incluye un buen razonamiento y realismo, pueden ser incluso más relevantes hoy que nunca. Puede ayudarte a aprender a amar mejor a los demás, cómo soportar emociones negativas y cómo tener más control sobre tu propia vida.

En el estoicismo, aprendes cómo funcionan realmente las cosas, en lugar de imponer tus propias ideas y desear que resulten como tú quieres. De aquí proviene mucha de la frustración y la ira en nuestro mundo moderno. Queremos poder controlar todo. Queremos que todo y cada minuto de nuestras vidas encajen perfectamente, y luego, cuando la vida termina yendo por el camino que ella quiere, en lugar de por el que nosotros queremos, nos frustramos mucho.

Cuando aprendes que no tienes control sobre todo, puedes entonces hacer tus elecciones sobre cómo quieres reaccionar y sobre las cosas que realmente puedes controlar. Así que, si estás ansioso porque estás esperando cosas que puede que ni siquiera se queden o lleguen, las cosas pueden no salir como queremos. Puede haber ciertas cosas que podemos hacer para mejorarlas, pero siempre hay un poco de incertidumbre, y necesitamos aceptar eso.

Digamos que quieres tener buena salud. Tienes cierto control sobre algunas partes de tu salud. Puedes intentar comer saludablemente y hacer mucho ejercicio. Puedes asegurarte de salir y pasar tiempo con otras personas que son importantes para ti. Incluso puedes hacerte tu chequeo anual para asegurarte de que estás bien. Pero aun así, habrá momentos en los que te enfermarás, a pesar de tus mejores esfuerzos. Puede que te enfermes con menos frecuencia que los demás, pero aún así te resfriarás o algo similar en el camino.

Enojarse por este hecho solo va a empeorar las cosas. Todos se enferman y se sienten agotados de vez en cuando, y eso es solo parte de la vida. Puedes enojarte y frustrarte y desquitarte con la gente. O simplemente puedes abastecer tu botiquín, tomarte un día libre del trabajo para relajarte y luego continuar con tu día. ¿Cuál de las dos suena como un mejor uso de tu tiempo y esfuerzo y te hará sentir más feliz al final?

Otro tema con el que el estoicismo puede ayudar es la idea de la soledad. Cuando miramos esta emoción desde el punto de vista de un estoico, es básicamente un sentimiento que necesita algún tipo de ayuda que te falta. Es una especie de impotencia que se ha combinado con un sentido de aislamiento.

Esta no es la forma en que la mayor parte del mundo ve la idea de soledad. Pensamos en esta emoción como algo que surge cuando estamos alejados de las personas más de lo que queremos o cuando hemos perdido la conexión con un vínculo cercano (como cuando un amigo cercano se muda o perdemos a un ser querido), o incluso cuando un individuo siente algo de ansiedad sobre la calidad de sus vínculos. Pero la definición estoica puede ser más útil. Hay muchas ocasiones en las que estamos solos sin otras personas y no nos sentimos solos, por lo que la definición tradicional no puede ser la correcta.

Si dejas que la sensación de soledad te domine, puede que tengas problemas incluso para vivir tu vida moderna. Digamos que conoces a una viuda que a menudo comienza a sentirse sola hacia finales de marzo porque era su esposo quien hacía todos los taxes. Como estoica, ella no se centraría en esa emoción, aunque está bien extrañar al esposo. Ella se daría cuenta de que usar un software de impuestos o un contador podría hacer que las cuentas se resolvieran y podría satisfacer la necesidad básica que ha causado la soledad.

La viuda se sentirá sola porque piensas en los impuestos como una tarea que la hace infeliz, algo que no quiere hacer porque no necesita el recordatorio de que su esposo ya no está. La procrastinación por la que pasa demuestra una fantasía de que podría traer de vuelta a su esposo fingiendo que no está allí. Puede que entienda que completar el trabajo es la mejor opción y probablemente la haría sentir mejor, pero está decidida a que no la hará sentir menos sola.

Cuando se trata de algunos de los problemas más espinosos con los que tenemos que lidiar durante nuestras vidas, el remedio es simplemente aceptar las cosas que no puedes resolver con tus propias acciones y aprender a evitar la infelicidad adicional de anhelar la solución o a la persona que podría resolverlo por ti. También debes tener cuidado de no reprocharte a ti mismo en esta situación porque no has traído al solucionador de problemas adecuado para mejorar las cosas. Esto solo empeora la situación a largo plazo.

La soledad es solo uno de los problemas con los que puedes tener que lidiar cuando se trata del estoicismo en nuestro mundo moderno. Quieres ser capaz de manejar todas las emociones negativas, incluyendo el anhelo, la soledad, la ansiedad y la ira. Puede que solo tengas una o dos de estas que sean realmente malas en tu vida, pero aún así es importante tomarse el tiempo para aprender a manejar estas emociones fuertes y no permitir que tomen el control sobre ti.

Superar estas emociones negativas es algo que va a requerir mucho entrenamiento. Piensa en dominar el estoicismo como lo harías al dominar cualquier otra habilidad, como un nuevo instrumento, hacer algo de matemáticas o aprender a conducir. Tienes que dedicar tiempo a practicar y tomar lecciones, y vas a cometer errores. Pero mejora.

El estoicismo puede ayudarte a encontrar remedios para la ira y las otras emociones negativas, para que puedas sentirte mejor y no tengas que preocuparte por cómo ellas toman el control de tu vida. Tomemos un ejemplo de ira. Si estás lidiando con la ira de manera regular, algunos de los pasos que un estoico podría utilizar para ayudarle a lidiar con la ira y no dejar que tome el control de su vida incluirán lo siguiente:

· Participa en algo de meditación con anticipación para ayudarte a sentirte más tranquilo y no dejar que la ira tome el control.

· Revisa la ira tan pronto como los síntomas comiencen a aparecer. Nunca esperes en esto porque la ira puede salirse de control rápidamente.

· Intenta evitar a las personas que te hacen enojar e irritar, y en su lugar, concéntrate en aquellas que son serenas y más fáciles de llevar. La mente estoica podrá identificar quién encajará mejor con ellos.

· Realiza alguna actividad con un propósito que pueda relajar la mente y hacer que el estrés y la ira desaparezcan.

· Encuentra entornos en los que puedas pasar tu tiempo que tengan colores agradables.

• No intentes participar en una conversación profunda cuando te sientes cansado.

· No participes en estas mismas conversaciones profundas cuando sientas hambre o sed.

· Involúcrate en la distancia cognitiva. Esto es básicamente cuando aprendes a retrasar tus respuestas para que puedas reflexionar sobre ellas y elegir las reacciones adecuadas para la situación.

Este es solo un ejemplo de cómo puedes utilizar una mente estoica para ayudarte a lidiar con la ira que está ocurriendo. Pero puedes emplear estos mismos pasos si estás enfrentando soledad, frustración, tristeza u otras emociones negativas. Es importante aprender a reconocer esas emociones y reconocer que están allí. Pero a partir de ahí, puedes pasar a pensar lógicamente sobre cómo deseas que se desarrolle la situación, cómo quieres que te vean los demás, y mucho más.

Capítulo 9: Los Métodos Estoicos para Mejorar Tu Vida Moderna

Si estás buscando una guía que te ayude a mantener tu cordura en nuestro complicado y ajetreado mundo moderno, entonces el estoicismo es la opción correcta para ti. Puede que te preguntes por qué querrías seguir una escuela de pensamiento que proviene de los antiguos griegos, pero cualquiera que lo haya probado en el pasado y lo haya implementado en su vida ha descubierto que puede ser una gran manera de mejorar su vida, manejar sus emociones y mucho más. Nuestro mundo moderno, quizás más que en cualquier otro momento de la historia, realmente necesita un marco sólido que les ayude a establecer prioridades, orientarse y aprender a apreciar todo lo bueno en su vida mientras manejan todo lo malo.

Mientras que las ideas del estoicismo pueden parecer complicadas o como si fueran demasiado viejas y antiguas para aplicarlas a nuestras vidas modernas. Pero de muchas maneras, cuando comienzas a incorporar estos principios en tu vida diaria, te sorprenderás de lo liberador que puede sentirse.

Cuando se trata de añadir más estoicismo a tu vida, habrá cuatro virtudes principales que son muy importantes para ver resultados. Estas incluyen:

· Sabiduría práctica: Este es el conocimiento de lo que es malo y lo que es bueno, y de lo que se debe hacer en ambos casos.

· Coraje: Esto no se refiere solo al coraje físico. También se hablará del coraje moral o el coraje que necesitas para enfrentar todos tus desafíos cada día con integridad y claridad.

· Templanza: Este va a ser el ejercicio de la moderación y el autocontrol en todos los diferentes aspectos de tu vida.

· Justicia: Aquí es donde trabajarás en tratar a los demás con equidad, incluso si te han hecho mal.

En la base de esta filosofía está la idea de respetar a otros humanos. Los antiguos estoicos eran el único grupo de personas libres en ese momento que se oponían abiertamente a la esclavitud y que consideraban que las mujeres tenían los mismos derechos que los hombres. Dicho esto, es una gran ideología para implementar en tu propia vida cada vez que desees hacer mejoras, o cuando veas que las cosas simplemente parecen ser abrumadoras para manejar por tu cuenta.

En este capítulo, vamos a examinar algunos desafíos modernos comunes que muchas personas tienden a enfrentar, así como el enfoque que usarías como un estoico para ayudarte a manejar esa situación. A medida que avanzas, verás rápidamente que este es un gran método para añadir a tu propia vida, que es sencillo, y verás resultados en poco tiempo.

Estoy bajo estrés todo el tiempo.

A pesar de lo que a veces pueda sentirse, el estrés no es algo que se te imponga. A menudo se convierte en parte de tu vida porque tienes expectativas que están mal orientadas, estás apegado a ciertos resultados que ocurren o intentas controlar cosas a lo largo de tu vida que no puedes controlar.

Digamos que te gustaría terminar de preparar una habitación para que tus padres mayores se muden, pero no pudiste hacerlo antes de la fecha límite que te pusiste. Debes aceptar eso, en lugar de enojarte y sumergirte en el arrepentimiento. Recuerda que no siempre puedes controlar los resultados de las situaciones. Pero también puedes convertir esto en una buena experiencia de aprendizaje para establecer expectativas más realistas la próxima vez.

Una práctica que puedes probar cuando

quieras abordar este problema es sacar un diario y escribir las respuestas a tres preguntas importantes. Estas preguntas son: ¿Qué podría haber hecho de manera diferente hoy? ¿Cuáles fueron algunas de las cosas que hice bien hoy? ¿Qué hice mal hoy?

Tengo exigencias que son realmente implacables con mi tiempo.

Un estoico a menudo se da cuenta de que su tiempo es un recurso muy valioso. Y se niega a regalarlo fácilmente, ya que nunca podrá recuperarlo. También sabe que no debería malgastar su tiempo en cosas que no valen la pena. Como estoico, es importante aprender cuándo debes decir no a las personas, especialmente cuando no es algo que quieras hacer o algo con lo que te sientas cómodo al regalar.

En la misma idea, asegúrate de que no estás robando tiempo a las personas que realmente importan para ti. Sí, puedes tener cinco horas disponibles después del trabajo, pero regalar 4 a una persona puede significar que te pierdas tiempo con tu familia o con aquellos a quienes amas más. Como estoico, necesitas poner un fuerte énfasis en la responsabilidad hacia tu familia, por lo que el tiempo tomado de ellos nunca es algo bueno y lo evitan tanto como sea posible.

Termino pasando mucho tiempo en línea, y luego me siento mal.

Como estoico, reconoces que la tecnología no

es algo malo, pero tampoco es siempre algo bueno. La forma en que utilizas esta tecnología es lo que realmente está bajo tu control y puede ayudarte a ser una mejor persona. No tienes que renunciar a la tecnología y al tiempo en línea solo porque eres estoico. Pero si estás perdiendo el tiempo en línea, propagando chismes en línea y utilizando eso en lugar de pasar tiempo con tu familia, entonces hay algo mal con la tecnología.

Si utilizas tu entrenamiento estoico de la manera adecuada, descubrirás que la tecnología digital puede ser como un gimnasio de virtudes. Te brinda muchas oportunidades para ejercitar tu carácter y tu ética. Cuando las personas dicen cosas crueles o agresivas hacia ti, puedes optar por no responder al asunto. Puedes eliminar la publicación o dejar de seguir a esa persona si no puedes ignorarlo, pero evitar una gran confrontación puede ser la mejor manera de asegurarte de mantener el control de la situación sin dejar que te supere.

Aunque no estoy en una situación financiera horrible, nunca me siento satisfecho con mis posesiones y riqueza.

Este es un gran problema que muchas personas en el mundo moderno sienten. Pueden tener un buen ingreso, pero a menudo somos bombardeados con una gran cantidad de anuncios y otros medios que nos muestran vidas glamorosas. Vemos todas las cosas que otras personas tienen, y sentimos que estamos quedándonos atrás. Esta emoción de envidia y celos puede asomar su fea cabeza y hacer que sea muy difícil ser feliz con las cosas que ya tenemos.

No hay nada en la ideología del estoicismo que diga que la riqueza es mala o que no puedes tener riqueza y usarla para tener una buena vida. Los antiguos estoicos venían de todos los ámbitos de la vida. Algunos eran esclavos y algunos eran muy ricos. No hay nada de malo en el dinero o en tener dinero, pero el estoicismo a menudo lo ve como una gran tentación si no sabes cómo usarlo adecuadamente. Cuanto más tenga la gente de riqueza, más se van a enfocar en experiencias y posesiones caras, y más querrán.

¿Cómo te liberas de este ciclo interminable de conseguir más dinero y luego querer siempre más? Primero, necesitas reconocer que las posesiones son solo objetos externos, cosas que puedes perder. Sí, son agradables de tener y tienes suerte de poseerlas, pero es posible que tu suerte cambie en cualquier momento, y entonces todas esas cosas se habrán ido.

Ahora, este es el peor de los casos, perder todas tus posesiones. Ahora que has podido aceptar mentalmente este resultado, que es poco probable, puedes aprender a cambiar tu mentalidad sobre las cosas que posees. Si te encuentras con problemas en esto, puede que quieras intentar "practicar" no tener cosas por un tiempo. Esto les ayuda a acostumbrarse a la idea de que todo lo que tienen va a ser prestado del universo, y tienes suerte de tenerlos.

Cuando aprendemos a apreciar más las cosas que tenemos y las vemos como regalos del universo, parte de ese anhelo por más riqueza, por más posesiones, desaparecerá. A veces, se trata de eliminar algunas emociones, como la envidia y los celos, de la situación para ayudarte a apreciar lo que tienes y evitar preocuparte por las cosas materiales.

A medida que envejezco, siempre me siento preocupado por la salud que tengo.

Todos tenemos condiciones de salud a medida que envejecemos, sin importar cuán bien nos cuidemos en el camino. Aunque hay algunas cosas que puedes hacer para ayudar a mejorar tu salud, como comer sano, tener algunas interacciones sociales en lugar de estar aislado, visitar al médico y ser físicamente activo, el envejecimiento puede alcanzarte. Puedes reducir la gravedad de ello, pero notarás una diferencia entre tu cuerpo de 60 años y tu cuerpo de 40 años.

En este escenario, es importante reconocer lo que puedes controlar y lo que no puedes controlar. También deberías aprender a soltar el deseo de controlar los resultados en tu vida porque definitivamente están fuera de tu control. Puedes evitar cosas malas, comer bien y hacer ejercicio, y tomar las decisiones médicas correctas todo el día, pero aún así te enfermarás de vez en cuando, y no siempre puedes controlar el resultado de esa enfermedad.

En cierto sentido, cuando te preocupas demasiado por ti mismo y por si te enfermarás o no, estás participando en una forma de narcisismo, una actitud que los estoicos querrán evitar. Puedes evitar esto simplemente reconociéndote a ti mismo en tu lugar en el espacio y el tiempo. En un mundo donde enfocarse en uno mismo se ve como completamente normal, esto puede tomar tiempo. Y no es una invitación a olvidarte de ti mismo y nunca cuidarte. Pero es una manera de aprender a soltar varias cosas, como resfriarse, que no puedes controlar.

Siento miedo cuando pienso en morir.

No importa cuán aterrador pueda parecerle a algunas personas, la muerte es natural y es algo que le va a pasar a todos. Debemos aceptar esto, o es imposible ser verdaderamente feliz mientras vives tu vida. Si estás constantemente temiendo a la muerte y preocupado por ella, ¿cómo se supone que vas a disfrutar de la vida que tienes? No puedes controlar la muerte. Vendrá en cualquier momento y de la manera que quiera, sin importar lo que tengas que decir al respecto, y tratar de forzarla a comportarse de otra manera es fútil. Aceptar la muerte y la vida después de la muerte puede ser una buena manera de encontrar la verdadera felicidad.

Parte de aceptar la muerte es prepararse para ella, pero definitivamente esto no es algo en lo que los estadounidenses trabajen. Nunca elaboran un testamento, no se preocupan por un poder notarial y nunca emiten una orden de no resucitar. Esto puede hacer que al final de tu vida sea muy difícil, tanto para ti como para aquellos que tienen que cuidarte.

Los estoicos consideran que es una cosa muy valiente prepararse para la muerte y el fin de la vida, y es un ejercicio refrescante. Este ejercicio te obliga a atravesar tus miedos, tu ansiedad e incluso tu ira para que pienses de manera racional. Según incluso los estoicos más antiguos, la mayor prueba de carácter es cómo uno maneja los últimos momentos de su vida. Prepárate para el final de tu vida con anticipación, enfrenta tus miedos, y pronto verás cómo ser un estoico puede beneficiar tu vida.

Los ejemplos que discutimos anteriormente son excelentes maneras de mostrar cómo el estoicismo, aunque es una filosofía antigua, puede ser utilizado en nuestro mundo moderno. Más que nunca, nuestro mundo moderno ha dejado a las personas emocionales, fuera de control, estresadas y no saben qué hacer. Implementar la filosofía estoica en tu vida y tratar de seguirla tanto como sea posible puede ser la respuesta que necesitas para ayudar a resolver muchos de los problemas principales que enfrentas hoy. Una vez que superes la idea errónea de que el estoicismo se trata solo de ser frío e insensible, verás que en realidad es un gran enfoque que puede ayudarte a mejorar tu vida y ver grandes beneficios.

Capítulo 10: ¿Implementar el Estoicismo en Mi Vida?

Este libro guía ha tomado tiempo para hablar sobre las diversas partes del estoicismo. Observamos los principios principales que vienen con esta antigua escuela de pensamiento, por qué es tan importante para las diferentes partes de tu vida, e incluso algunas ideas sobre cómo puedes comenzar a implementarlo hoy. Pero ahora es el momento de echar un vistazo a algunos de los fundamentos de por qué deberías implementar el estoicismo en tu vida, y los fundamentos de por qué puede hacer grandes mejoras en tu vida, incluso en nuestra vida moderna.

Te ayuda a construir mejores relaciones

Uno de los mejores beneficios que podrás obtener al comenzar con el estoicismo es que te ayuda a tener mejores relaciones con todos a tu alrededor. Obtienes el beneficio de tener una mejor relación con tu familia, con amigos, con compañeros de trabajo y con otras personas que encuentras cada día. Puede tomar tiempo lograrlo, pero si trabajas en ello, vas a ver una gran mejora en tu calidad de vida en general y en los tipos de relaciones que podrás disfrutar.

Piensa en lo difícil que es para otras personas estar a tu alrededor. Cuando explotas por pequeñas cosas o te pones demasiado emocional y no puedes detenerte porque las emociones han comenzado a apoderarse, puedes ser muy impredecible y complicado de llevar. Puedes alejar a muchas personas de ti, personas que realmente no quieren lidiar con todas las emociones, o que fueron lastimadas en el camino y decidieron rendirse.

Con el estoicismo, puedes cambiar esto. Puedes tomar control de esas emociones y decirles cuándo quieres que salgan. Esto no significa que no se te permita tener emociones en absoluto. Simplemente significa que necesitas dar un paso atrás de las emociones, pensar en esas emociones de manera objetiva, decidir si la situación justifica esas emociones en absoluto. Si la situación justifica la emoción, entonces puedes expresarla. Si la situación no justifica esa emoción, entonces necesitas aprender a dejarlo ir y seguir adelante.

Te ayuda a no sudar por las pequeñas cosas

A menudo, las cosas que son las más pequeñas son las que más nos alteran. Un vaso dejado en la mesa es un asunto pequeño, pero muchas veces dejamos que se agrande y luego nos peleamos porque ese vaso fue dejado fuera. Nos preocupamos por llegar unos minutos tarde a la escuela. Nos preocupamos por lo que llevamos puesto y si alguien pensará que se ve mal. Nos preocupamos por un millón de pequeñas cosas, y dejamos que estas cosas se apoderen de nuestras vidas, pero ninguna de ellas realmente vale la pena.

Con el estoicismo, comenzamos a mirar nuestras vidas y nuestras acciones y a tomar decisiones conscientes sobre cómo queremos reaccionar ante las cosas. Aprendemos a dejar ir todas las pequeñas cosas que no podemos controlar. Si llegas tarde al trabajo porque sales de casa demasiado tarde, entonces haz un cambio y sal de casa unos minutos antes. Pero si llegas tarde al trabajo una vez porque hubo un accidente en la carretera que detuvo todo el tráfico, entonces simplemente déjalo ir.

Te sorprenderá cuántas pequeñas cosas aferras y conviertes en grandes asuntos una vez que comienzas a indagar en ellas. Permitir que estas pequeñas cosas controlen tus emociones y causen problemas realmente no vale la pena. Utiliza el estoicismo para ayudarte a dejar ir las pequeñas cosas, mantener tus emociones bajo control y ver cómo puede crecer tu felicidad con el tiempo.

Te ayuda a tener más control sobre tu vida

¿Alguna vez sientes que estás perdiendo el control que deseas en tu vida? ¿Sientes que otros toman las decisiones por ti, o que tus emociones están arruinando todas tus relaciones? Entonces es hora de hacer algunos cambios y el estoicismo puede generar los resultados que te gustaría.

Si tus emociones tienen control sobre tu vida, se vuelve realmente difícil para ti conseguir las cosas que quieres. Si un poco de ira puede hacer que reacciones de manera exagerada y luego dices o haces algo que no quieres decir, esto puede ser realmente dañino en muchos aspectos de tu vida. Si estas emociones de ira te hacen ser cruel y decir cosas malas a tu pareja, entonces podrías encontrar que se cansan y se van. Si dejas que estas emociones salgan cuando estás en el trabajo u otras situaciones sociales, podrías dificultar hacer amigos, llevarte bien con los demás e incluso mantener tu trabajo.

Cuando comienzas a implementar las ideas del estoicismo en tu propia vida, descubrirás que es más fácil recuperar este control. Recuerda que el estoicismo no significa que tengas que estar desprovisto de emociones. Simplemente significa que decides cuándo y cómo utilizar esas emociones. Si echas un vistazo a una emoción y decides que no es la correcta para esa situación, o decides que no quieres perder el tiempo con esa emoción, entonces seguirás adelante y manejarás la situación de una manera diferente.

En algunos casos, sin embargo, puede que decidas que lo mejor es dejar salir la emoción. Los estoicos sienten ira en algunos momentos. Pero en lugar de dejar que se convierta en una rabia desenfrenada y arruine cómo interactúan con los demás, utilizan esa ira para ayudar a decirle a alguien qué les molesta o incluso para provocar un cambio en el mundo. Un estoico puede estar fácilmente feliz y alegre por algo, pero aprende a gestionarlo de manera que la emoción no se apodere de él y lo convierta en algo negativo. En el estoicismo, incluso hay espacio para las otras emociones; el estoico simplemente tiene un mayor control sobre ellas y puede tomar las grandes decisiones sobre cuándo y cómo usar esas emociones.

Puede ayudarte a manejar mejor el estrés.

¿Cuántas veces sientes que el estrés se apodera de ti? Sientes que estás abrumado por lo que está sucediendo en tu vida, puede que quieras gritar y enojarte, tus músculos del cuello se tensan y hasta puedes cerrar las manos en un puño a los lados. El estrés puede causar tantos problemas al cuerpo, como un aumento en la frecuencia cardíaca, problemas de salud, dolores de cabeza, y mucho más. Pero a pesar de estos problemas, encontrarás que la mayoría de los estadounidenses están lidiando con el estrés, al menos a tiempo parcial, y no parecen poder hacerlo desaparecer.

El estrés a menudo será un efecto secundario de no poder controlar lo que está sucediendo a tu alrededor. Quieres tener control, pero descubres que algunas cosas simplemente no van a funcionar de la manera que te gustaría. Además, podría ser el resultado de problemas de no poder gestionar tu tiempo y decir que no a cosas que realmente no significan mucho para ti (como ayudar más en el trabajo cuando preferirías pasar tiempo con tu familia), lo que puede hacernos sentir muy estresados.

El estoicismo puede ayudarte a lidiar con el estrés en tu vida. Aprendes a reconocer las emociones que están ocurriendo en tu mente, y luego puedes tomar decisiones basadas en lo que te hará más feliz y asegurarte de obtener lo que deseas de la vida. Cuando puedes tomar decisiones inteligentes que facilitan tu vida, y cuando aprendes a dejar ir las cosas que no puedes controlar, descubrirás que el estrés comienza a desaparecer.

Te ayuda a vivir en el momento presente

¿Cuántas veces concentras tu energía en pensar en lo que sucedió en el pasado o en lo que va a suceder en el futuro? Ahora, compara ese tiempo con cuánto tiempo realmente pasas concentrándote en el aquí y ahora, las cosas que realmente importan en este momento de la vida. A menudo, lo último solo va a suceder cuando ocurra algo grande y significativo en nuestras vidas, pero como resultado, nos estamos perdiendo de tanto que puede ser asombroso.

Deja de centrarte tanto en el pasado y en el futuro. No puedes hacer nada sobre lo que ocurrió en el pasado, y hasta que alguien cree una máquina del tiempo y puedas usarla para regresar, solo tienes que vivir con lo que sucedió. Y aunque puedes tomar decisiones diferentes para ayudar a influir en el futuro, tampoco puedes tener el control total sobre lo que te va a pasar en el futuro. Así que, ¿por qué preocuparte tanto y angustiarte por ello, y por qué gastar tanto tiempo enfocándote en eso, cuando podrías centrar tu energía en el aquí y ahora y ver algunos grandes resultados en su lugar?

Te ayuda a dejar de preocuparte por lo que otros piensan de ti

A todos nos ha pasado. Nos preocupamos por la manera en que los demás nos perciben. Nos vestimos de una cierta manera porque creemos que es importante tener una apariencia determinada para diferentes eventos. Nos preocupa que cuando cometamos un error, los demás piensen menos de nosotros y se burlen de nosotros, y esto puede causar una serie de otros problemas en el camino.

Con el estoicismo, puedes aprender a no preocuparte tanto por estas cosas. Puede ser difícil. Vivimos en una sociedad donde las apariencias parecen importar más de lo que deberían, y todos queremos cumplir con un estándar imposible que las celebridades gustan de imponer sobre nosotros. Pero esta no es la forma en que vive la mayoría de la gente, y tú tampoco deberías. Solo agrega estrés, saca a relucir nuestras propias inseguridades, y mucho más.

El estoicismo puede ayudarnos a dar un paso atrás y no enfocarnos tanto en lo que piensan los demás. En su lugar, aprenderás más sobre cómo dar un paso atrás, descubrir por qué tu apariencia ante los demás es tan importante y luego hacer los cambios necesarios para liberarte de esa idea y simplemente disfrutar de la vida en su lugar.

Aprende a estar agradecido por lo que tienes

A menudo, nuestras emociones pueden hacernos sentir ingratos o tristes por las cosas que tenemos. Podemos tener un bonito lugar donde vivir, comida en la mesa y mucho más, pero aún así sentimos que nos estamos perdiendo algo o que no tenemos las mismas cosas o calidad de vida que otros. Esto puede dificultar que nos sintamos felices, y esos sentimientos de ira, celos y envidia siguen empeorando.

Cuando somos capaces de implementar las ideas del Estoicismo en nuestras vidas un poco más, encontramos que es más fácil estar agradecidos por lo que tenemos. Cuando vemos que alguien más tiene algo bonito, o algo que deseamos. Podemos elegir no reaccionar y luego dar un paso atrás y ver todas las cosas buenas que sí tenemos. Y una vez que echamos un vistazo cercano a todas las bendiciones que ya tenemos, se vuelve mucho más fácil estar agradecidos.

Implementar el estoicismo en tu vida no siempre será fácil. Los humanos pueden ser criaturas muy emocionales y apagar esas emociones, o al menos ser capaces de controlarlas y pensar en ellas de manera crítica, no es algo a lo que estemos acostumbrados. Pero los consejos y trucos en este manual están ahí para ayudarte a lo largo del camino y te brindarán la orientación y ayuda que necesitas para ver realmente cómo el estoicismo puede funcionar para tus necesidades.

Capítulo 11: ¿Es posible volverse demasiado estoico?

La siguiente pregunta que puedes tener sobre la ideología del Estoicismo es si es posible ser un estoico extremo. ¿Es posible llevar esta idea demasiado lejos y convertirse en un estoico tal que nadie quiera estar a tu alrededor? Si sigues los principios que tenían los padres fundadores con el Estoicismo, no es posible llevar esto al extremo. Dicho esto, el Estoicismo a veces puede ser utilizado de manera inapropiada y esto le ha dado fama de ser una existencia sin emociones, donde la persona es excesivamente lógica y fría, y no considera los sentimientos de los demás.

Cuando se trata del Estoicismo, encontrarás que puede ser la combinación perfecta de compasión y lógica. Aún puedes sentir tus emociones, aún puedes sentir la difícil situación de otra persona, respetar sus límites, y las leyes de la naturaleza y de esta tierra, y aún así tomar decisiones que sean lógicas y que no tengan emociones que las controlen o impulsen. Aunque esto no parezca así para alguien que no ha practicado el Estoicismo, las emociones en realidad son una parte importante del proceso de toma de decisiones. Simplemente decides de manera lógica si vas a permitir que las emociones jueguen un papel en tu reacción o no.

Digamos que estás pensando en cambiar de trabajo. Hay algunos beneficios que vienen con tu trabajo actual, incluyendo un coche de empresa y un buen paquete de beneficios que ya disfrutas. Basado en la idea de la seguridad financiera, realmente no tienes un buen motivo para dejar este puesto. Sin embargo, a cambio de estos beneficios, tienes muchas horas largas y estrés por estar allí, y te sientes bastante agotado cada día. Esto puede afectar negativamente tus relaciones e incluso tu capacidad para encontrar algo de alegría en la vida.

En muchos casos, un individuo, incluso uno estoico, decidiría dejar su trabajo seguro y optar por otro si tenía un salario decente, buenos beneficios y prometía menos horas para que pudiera disfrutar de la vida. Estas pueden no parecer elecciones lógicas al mirar las finanzas, pero las consideraciones emocionales entraron en juego con esta decisión.

Si el estoicismo se tratara solo de la lógica de cosas tangibles, como sus ingresos, habría una solución; quédate donde estás. Pero nadie es capaz de ignorar completamente sus emociones. De hecho, los sentimientos y las emociones, específicamente la respuesta al estrés, son la forma en que el cuerpo te dice que algo no está bien y que necesitas hacer algunos cambios en tu situación. Las emociones no tienen que ser ignoradas en ninguna situación, pero necesitas considerarlas realmente al tomar decisiones, en lugar de permitir que te controlen.

Incluso como estoico, tus decisiones serán un equilibrio entre la razón lógica y la emocional. Un buen compromiso con el que trabajar sería aguantar en el primer trabajo mientras buscas un nuevo lugar para trabajar. Esto significa que puedes seguir recibiendo tus ingresos y tus beneficios hasta que encuentres algo que te guste más.

Si comienzas a perder conexiones con los demás, entonces sabes que has llevado la idea del estoicismo demasiado lejos. Pensar de manera demasiado lógica significa que te estás alejando demasiado de algunas de las cosas simples que deberías disfrutar en la vida. Y ser demasiado lógico puede hacerte parecer frío y poco comprensivo con aquellos que te rodean, alejando las relaciones. El estoicismo debería ser una forma de mejorar tus relaciones, no de alejar a los demás. Si sientes que las personas se están alejando por la forma en que actúas, entonces es hora de hacer algunos ajustes a lo que estás haciendo con el estoicismo.

Capítulo 12: Cómo usar el estoicismo a largo plazo

Si decidiste que era hora de incorporar el estoicismo en tu vida a partir de mañana, ¿cuál sería el mejor lugar para comenzar? No hay realmente un punto de partida claro, porque, como cualquier otra filosofía, el camino no es siempre directo. Tu mejor opción es aprender tanto como sea posible sobre el estoicismo y luego construir a partir de ahí. Aprender nuevos conceptos puede requerir algo de práctica, y experimentar un poco con el estoicismo y ver cómo funciona para ti.

Pasar de un desastre emocional, como muchos de nosotros, a ser un estoico puede ser un gran ajuste para el cerebro. Necesitas realmente pasar por el proceso y cambiar la forma en que piensa. Cuanto más empieces a escuchar sobre el estoicismo, más te rodeas de las ideas que vienen con el estoicismo, y cuanto más expongas a ti mismo al estoicismo, más fácil será reprogramar el cerebro para comportarse de la manera que deseas. Incluso empezar haciendo un poco de meditación puede marcar una gran diferencia en cómo ves el mundo, cuánto puedes controlar tu ira y cuánto puedes implementar el estoicismo en tu vida.

Durante este tiempo de educación, asegúrate de poner en acción las palabras que más te impacten. Si hay algunas ideas o pasajes que parecen resonar contigo, asegúrate de agregarlos a tu catálogo moral. Si te gusta la idea de ganar control sobre tus emociones, entonces trabaja en eso. Si te gusta la idea de soltar las cosas que no puedes controlar, entonces enfoca tu energía en eso.

A medida que aprendas más sobre el estoicismo, hables con otros que utilicen el estoicismo y te familiarices más con el estoicismo, vas a encontrar muchas cosas que realmente llamarán tu interés. Mantén estas cerca y, cuando las cosas se pongan difíciles, asegúrate de recordarlas. Recuerda que solo escuchar estas palabras de manera regular puede ser suficiente para reentrenar al cerebro a una nueva forma de pensar. Escribe las ideas y luego revísalas de vez en cuando, y observa la diferencia que pueden hacer en tu vida.

Pero todo tu proceso hacia el estoicismo no debería ser solo sobre leer y escribir cosas todo el tiempo. Necesitas realmente ponerte a trabajar y realizar algunas acciones para obtener los beneficios del estoicismo en tu vida. Necesitas monitorear conscientemente tus emociones a lo largo del día. Esto no va a suceder por sí solo. El cerebro quiere mantener sus hábitos y formas de pensar tradicionales. Tienes que realmente reflexionar sobre tus emociones y lo que deseas que suceda en lugar de simplemente dejar que esas emociones ocurran.

Por ejemplo, digamos que te sientes molesto o ansioso. Puedes tomarte un tiempo para sentarte con esos pensamientos, sin reaccionar, y averiguar qué los está causando en primer lugar. Lo que puede que no te des cuenta aquí es que tus emociones van a tener una conexión directa entre el cerebro y el cuerpo. Cuando nuestro estómago se siente como si estuviera en nudos, esto es a menudo el cerebro tratando de señalarnos que algo no está bien en ese momento. Si puedes averiguar qué está causando esos sentimientos, entonces te será más fácil hacer que desaparezcan.

Otra cosa en la que puedes trabajar cuando comiences con el estoicismo es no preocuparte por las pequeñas cosas. Muchas veces, las cosas que realmente parecen hacernos más enojar son las más insignificantes, las que no importan tanto. La próxima vez que te quedes atrapado en el tráfico, o tengas que escuchar a tu jefe hablar monótonamente durante una reunión, permite que las emociones aparezcan, pero luego invítalas a simplemente pasar.

Sí, a veces sentirás ira o molestia por la situación, pero estos momentos pasarán. Permítete notar el sentimiento, pero luego decide activamente que no le vas a asignar ningún valor, y que no vas a reaccionar, hasta que la mente haya tenido un momento para procesar la información.

Una vez más, una de las mejores cosas que

puedes hacer cuando comienzas con el estoicismo, especialmente si eres propenso a la ira, el estrés y la frustración, es la meditación. Hay muchos métodos diferentes de meditación que puedes probar, y todos ellos pueden brindarte grandes resultados. El objetivo aquí, sin importar qué forma de meditación decidas adoptar, es ayudarte a aprender más sobre tu yo interior, tomarte un descanso de la vida y comenzar a darte cuenta de que las pequeñas cosas no importan tanto.

Solo necesitas dedicar aproximadamente quince minutos al día, ya sea justo al levantarte por la mañana o justo antes de irte a la cama. Este es el tiempo suficiente para calmarte, despejar la mente y ayudarte a controlar lo que sientes. Explora algunos tipos diferentes de meditación y prueba algunos de ellos para descubrir cuál te gusta y con cuál deseas quedarte.

Usar el Estoicismo para planificar tu futuro

Planificar tu futuro puede ser un esfuerzo aterrador para algunas personas. Les preocupa no tener suficiente dinero para pagar las cuentas. Les preocupa que algo malo suceda. Pero la mayoría de las personas simplemente tienen miedo de las cosas que no pueden controlar que pueden encontrarlas cuando piensan en el futuro. Pero cuando pasas todo tu tiempo consumido por el miedo al futuro,

Aunque el destino va a jugar algún papel en cómo resulta tu vida, tu nivel final de felicidad va a depender de ti. Esta es tu oportunidad para sacar el máximo provecho de tu vida. Esto puede significar que necesitarás hacer algunos cambios importantes en tu vida, o podría ser tan sencillo como reorganizar la forma en que ves lo que ya está sucediendo en tu vida. Sin embargo, antes de hacer los grandes cambios, explora hacer algunos pequeños reajustes para ayudarte a lograrlo de la manera más efectiva.

Por ejemplo, cuando miras tu vida, ¿ves que realmente no es tan indeseable, o simplemente no aprecias o eres egoísta con lo que ya tienes en tu vida? Si descubres que solo estás siendo egoísta, entonces lo único que necesitas hacer es aprender a controlar tu pensamiento y tu estado emocional, y las cosas mejorarán. Si miras a tu alrededor y te das cuenta de que tu vida realmente no es deseable, entonces es hora de hacer algunos cambios grandes en tu vida para agregar más felicidad.

Si decides que es hora de hacer algunos grandes cambios en tu vida, entonces es momento de averiguar qué quieres hacer para poder hacer un plan. Hazte algunas preguntas como "¿Qué podría estar haciendo para vivir una vida más satisfactoria? ¿Qué estoy haciendo ahora que me hace feliz? ¿Qué estoy haciendo para dar significado a la vida de los demás?"

Aunque estas preguntas pueden parecer un

poco vagas en algunos casos, ese es un poco el objetivo. Cada uno de nosotros necesita explorar estas preguntas por su cuenta y descubrir las respuestas. Cada persona va a llegar a diferentes respuestas y es probable que cambien. Pero depende de ti averiguar las respuestas a todas estas y luego elaborar el plan que te impulse hacia adelante.

En este punto, es posible que no sepas cómo comenzar en el estoicismo y cómo crear un plan para mejorar tu propia vida. Aquí hay algunas tareas concretas en las que puedes pensar para ayudar a que este plan comience. Primero, elige un objetivo tangible que quieras alcanzar y luego escríbelo. Pegalo junto con algunas de tus citas favoritas del estoicismo y déjalas en un lugar donde puedas encontrarlas fácilmente.

Digamos que tuviste una gran idea de volver a la escuela para estudiar arte. Esto es algo que siempre has querido hacer, pero escuchaste a tu mente lógica y te decidiste por una carrera que ofrecía más dinero y más estabilidad. Pero tu carrera actual realmente no ayudó a llenar tu alma. Así que ahora estás listo para volver a la escuela de arte y ver cómo te va.

En este punto, la pregunta es, ¿cómo harás esto? ¿Dónde irás a la escuela? ¿Necesitarás ayuda para financiar la escuela? ¿Cuánto tiempo podrás dedicar a esto? ¿Continuarás trabajando mientras asistes a la escuela y cómo afectará esto tu plan general? ¿Quieres hacerlo como un complemento o te gustaría hacerlo como una carrera a tiempo completo?

Piensa en todos los pequeños pasos que necesitarás tomar para ayudarte a alcanzar estos objetivos. Luego asegúrate de anotarlos. Una vez que tengas todos los diferentes pasos en su lugar, puedes dividirlos en pasos pequeños para tener un mapa claro. Recuerda que una mente estoica suele ser lógica. Está bien seguir algunas de las pasiones que tienes en la vida, pero si simplemente te lanzas por las emociones, sin pensar en las consecuencias o en el plan de ataque, entonces no estás actuando como un estoico. Anotar todo esto como un plan bien pensado puede ayudarte realmente a asegurarte de que lo hagas de la manera correcta.

Durante todo este proceso, es posible que sientas que te abruman todos los pequeños detalles y el arduo trabajo que se necesita para alcanzar la meta. Incluso puedes comenzar a sentir un poco de ansiedad y miedo a medida que empiezas a construir tu mapa. Este es otro lugar donde el estoicismo también puede jugar un papel. Utiliza las habilidades que has aprendido con el estoicismo para dar un paso atrás y sentarte con tus emociones.

Piensa en qué está causando realmente estas emociones. ¿Tienes miedo de todo el trabajo que tienes que hacer para alcanzar tu meta? ¿Tienes miedo de fracasar? Mientras piensas en esta meta, considera cuál sería el peor de los casos si no obtienes tu título en arte. Si tienes un plan en marcha, es probable que la peor cosa con la que vas a tener que lidiar sea que te quedes en tu trabajo actual y no puedas seguir tus pasiones. Esto puede ser difícil, pero al menos aún tienes estabilidad y un empleo, y puedes volver y probar algo diferente más adelante.

La motivación para realmente trabajar en algunos cambios en tu vida y enfocarte en las cosas que te hacen feliz puede ser la raíz del estoicismo. Si bien te pide que pienses en tus emociones y tengas un plan de ataque cuando estés listo para manejar cualquier situación fuera de tu control, estos pueden ser utilizados para ayudarte a ver el éxito que deseas en la vida. Para algunas personas, esto puede ser difícil de hacer. Quieren seguir sus emociones porque es fácil, pero como vimos en el ejemplo anterior, puedes escuchar tus emociones, pero aún así usarás tu lado lógico para ayudarte a tomar esa decisión.

Puedes usar estas mismas ideas cuando se trata de cualquier decisión importante que desees seguir. Piensa en lo que va a hacer la mayor diferencia en tu vida. ¿Qué te va a hacer feliz en el aquí y ahora? Una vez que tengas eso claro (y puede estar influenciado por tus emociones), puedes usar tu mente estoica para elaborar un plan lógico que te permita alcanzar los resultados que deseas para tener éxito.

Ahora que te has dado un discurso de ánimo, es hora de repasar esa lista que has hecho, marcando las tareas hasta que llegues a la meta. Mantén en mente la visión general todo el tiempo. Y cuando realmente alcances la meta, descubrirás que estás haciendo algo que realmente amas, algo que te ayuda a hacer una buena contribución a tu comunidad, y también obtendrás el beneficio de disfrutar los frutos de tu trabajo en el camino.

Planificar tu futuro puede ser difícil. Hay tantas variables en juego, pero a menudo la principal razón por la que no nos sentamos a reflexionar sobre nuestro futuro es que tenemos miedo de lo que sucederá. Una vez más, hemos decidido dejar que las emociones interfieran en nuestra propia felicidad y hemos alejado de usar el pensamiento lógico para mejorar nuestras vidas. Cuando comienzas a trabajar más con el estoicismo e implementarlo en tu vida con las herramientas que discutimos en este manual, encontrarás que puede hacer grandes mejoras en tu futuro y planificar tu futuro mucho mejor de lo que jamás podrías haber imaginado.

Conclusión

Gracias por llegar al final del estoicismo. Esperamos que haya sido informativo y que haya podido proporcionarte todas las herramientas que necesitas para alcanzar tus objetivos, sean cuales sean.

El siguiente paso es encontrar maneras en las que puedas implementar el estoicismo en tu propia vida. Muchas personas tienen una idea equivocada sobre el estoicismo. Piensan que para ser un estoico o seguir alguna de las ideas que vienen con el estoicismo, necesitas estar vacío de emociones, ser frío y carecer de simpatía por los demás. Pero, como exploramos a través de esta guía, los estoicos no carecen de emociones, simplemente saben cómo tener emociones sin preocuparse de cómo esas emociones van a tomar el control sobre ellos.

Vivir una vida de estoicismo es una gran opción para trabajar. Puedes evaluar todas las emociones que tienes y elegir si te gustaría expresarlas o tomar un camino diferente. Esto te da un montón de libertad, puede mejorar tus relaciones, te ayuda a avanzar en la vida y es una de las mejores maneras de mejorar tu calidad de vida.

Cuando estés listo para aprender más sobre el estoicismo y cómo puede beneficiar tu vida, asegúrate de echar un vistazo a este manual para ayudarte a empezar.

www.ingramcontent.com/pod-product-compliance
Lightning Source LLC
Chambersburg PA
CBHW060032040426
42333CB00042B/2401